BEI GRIN MACHT SICH IHR
WISSEN BEZAHLT

Bibliografische Information der Deutschen Nationalbibliothek:

Die Deutsche Bibliothek verzeichnet diese Publikation in der Deutschen National-bibliografie; detaillierte bibliografische Daten sind im Internet über http://dnb.d-nb.de/ abrufbar.

Impressum:

Copyright © 2018 GRIN Verlag
Druck und Bindung: Books on Demand GmbH, Norderstedt Germany
ISBN: 9783346165459

Dieses Buch bei GRIN:

https://www.grin.com/document/539422

Sarah Insacco

Computerlinguistik und Texttechnologie. Sprachliche Parallelwelten im Dialog zwischen Videospielen und Realität

GRIN Verlag

Justus-Liebig-Universität Gießen

Fachbereich 05

Institut für Germanistik

Sprachliche Parallelwelten: Dialog zwischen Spiel und Realität.

Modul: Projekt im Bereich Computerlinguistik und Texttechnologie

Veranstaltung: Projektseminar

Semester: WS 2017/2018

Name: Sarah Insacco

Studiengang: SLK (HF: Computerlinguistik und Texttechnologie; NF: Germanistische

Linguistik – Texte, Medien, Sprachkompetenz)

Semesterzahl: 03

Inhaltsverzeichnis

1. Einleitung (S. 1)

2. Theoretische Grundlagen (S. 1–2)

    2.1. Dialog beim Spielen über Voice-Over-IP (S. 2–4)

    2.2. Aufschlüsselung der Dialogorganisation nach Gerd Fritz (S. 4–6)

3. Methodische Grundlagen (S. 6)

    3.1. Transkriptionspraxis mit dem *EXMARaLDA-Partitur-Editor* (S. 7–10)

    3.2. Über das ausgewählte Datenmaterial (S. 10–11)

4. Analyse des Datenmaterials (S. 11)

    4.1. Dialogorganisatorische Untersuchung eines Transkriptionsausschnitts (S. 12–17)

    4.2. Die Parallelwelten – dialogorganisatorisch abgrenzbar? (S. 18–19)

5. Ausblick (S. 20)

6. Abbildungsverzeichnis (S. 20)

7. Quellenverzeichnis (S. 21)

8. Literaturverzeichnis (S. 21–22)

Anhang

- Transkription im EXB-Format
- Transkription im RTF-Format

1. Einleitung

Das interdisziplinäre Forschungsfeld der *computer-mediated communication* (CMC) beziehungsweise der *computervermittelten Kommunikation* beschäftigt sich mit der Art der zwischenmenschlichen Kommunikation, die sich maßgeblich auf das Fundament von gegenwärtiger Computertechnologie stützt. Insbesondere die zwischenmenschliche Kommunikation im Internet und im Web ist dabei von wesentlichem Interesse für ebendieses Forschungsfeld. Indessen stehen in diesem Projekt unterschiedliche Themengebiete in einem engen Zusammenspiel miteinander, von denen lediglich eines das der computervermittelten Kommunikation ist. Ein weiteres wesentliches Themengebiet lässt sich in manuellen Verfahren der Transkription mithilfe von entsprechender computerlinguistischer Software verorten; das dritte und letzte übergeordnete Themengebiet gründet sich auf der Dialogorganisation und -analyse und deren Parameter nach Gerd Fritz. Vereint werden diese drei Themengebiete in dem eigentlichen Schwerpunkt dieses Projekts: Die gesprochensprachliche Kommunikation von Spielern in Co-Op-Videopielen beziehungsweise Co-Op-Modi[1] über Voice-Over-IP-Software steht hier als grundsätzliches Datenmaterial im Vordergrund; beantwortet werden soll in erster Linie die Frage danach, wie die Spieler auf einer sprachlichen Ebene ihre Kommunikation miteinander organisieren hinsichtlich der unterschiedlichen Ebenen, auf die sie inner- und außerhalb des Spielgeschehens Bezug nehmen. Diese Frage basiert auf der Annahme, dass es im Wesentlichen zwei Bezugsebenen gibt, zwischen denen die Spieler im Dialog wechseln und die es entsprechend verbal zu organisieren gilt; diese beiden Ebenen umfassen einmal die Realität, in der sie sich befinden, und die virtuelle Spielwelt, in der das Videospiel situiert ist. Diese sprachlichen Parallelwelten und deren Organisation im Dialog der Spieler aufzudecken stellt das wesentliche Untersuchungsanliegen dieses Projekts dar.

Damit ebendiesem Anliegen nachgegangen werden kann, wird eine konkrete Dialogsituation als primäres Datenmaterial verwendet; entnommen wird diese spezifische Dialogsituation aus einer *YouTube*-Spieleserie zweier Spieler zu dem Spiel *Divinity: Original Sin (Enhanced Edition)*. Mithilfe des *EXMARaLDA-Partitur-Editors* wird diese Dialogsituation gemäß einer Auswahl von spezifischen Transkriptionsregeln transkribiert und auf Basis der Parameter der Dialogorganisation von Gerd Fritz analysiert und hinsichtlich des Untersuchungsanliegens ausgewertet. Vor der eigentlichen Analyse und Auswertung erfolgt zudem ein Überblick über die theoretischen und methodischen Grundlagen dieses Projekts.

2. Theoretische Grundlagen

In diesem Kapitel wird sich den theoretischen Grundlagen gewidmet, auf denen dieses Projekt basiert. Diese theoretischen Grundlagen setzen sich wesentlich aus dem Forschungsfeld der

---

[1] Im Rahmen dieser schriftlichen Ausarbeitung werden sogenannte Co-Op-Spiele beziehungsweise Spiele, die einen Co-Op-Modus beinhalten, als ein Teil des Spektrums von Multiplayer-Spielen aufgefasst. Die Texte, die sich mit computervermittelter Kommunikation in Videospielen auseinandersetzen, konzentrieren sich oftmals auf Multiplayer-Spiele wie MMORPGS und dergleichen; dennoch lassen sich die in ihnen verzeichneten Beobachtungen in der Regel eben auch auf Co-Op-Spiele/-Modi übertragen, an denen vergleichsweise nur wenige Spieler teilhaben können. Nicht jedes Multiplayer-Spiel ist gleichzusetzen mit einem Co-Op-Spiel, aber jedes Co-Op-Spiel lässt sich zumindest als eine Ausprägung von Multiplayer-Spielen betrachten.

computervermittelten Kommunikation und der Dialogorganisation nach Gerd Fritz zusammen. Beide Bestandteile werden nachfolgend hinsichtlich ihrer für das Projekt relevanten Aspekte beleuchtet.

2.1.   Dialog beim Spielen über Voice-Over-IP

Die Verwendung von Internettelefonie beziehungsweise *Voice-Over-IP* – im Folgenden als VoIP abgekürzt – in Videospielen geht im Wesentlichen auf das *First-Person-Shooter-Genre* (FPS) zurück; in diversen Spielen, die zu diesem Genre gezählt werden und die insbesondere einen Multiplayer-Modus beinhalten, bestand in deren erster Generation zunächst die Möglichkeit, mit Mitspielern über einen textbasierten Chat zu kommunizieren, um beispielsweise Angriffsstrategien oder dergleichen besprechen zu können (vgl. Benda et al. 2007, S. 1). Durch die Verbreitung von Breitband-Internet und entsprechender Software wie *TeamSpeak* oder *Ventrillo* stieg zunehmend die Nutzung von VoIP-Technologie in FPS-Spielen (vgl. ebd.), da sie zumindest prinzipiell eine schnelle und relativ unkomplizierte Echtzeitkommunikation zwischen den Spielern gewährleisten konnte. Insbesondere das FPS-Genre ist davon betroffen, aber eine ähnliche Entwicklung lässt sich beispielsweise auch im Genre des *Massively Multiplayer Online Role-Playing Game* (MMORPG) feststellen (vgl. ebd.). Die tatsächliche Benutzerfreundlichkeit und Geselligkeit von VoIP in Videospielen ist indes weitestgehend von unterschiedlichen Faktoren abhängig: Auf einer pragmatischen Ebene lässt sich die Stabilität der Verbindungsgeschwindigkeit als ein wesentlicher Aspekt nennen, aber auch der Standort, die Anzahl und die Identität der Spieler sowie deren zwischenmenschliche Beziehungen zueinander spielen eine nicht unwichtige Rolle hinsichtlich des Grades der Benutzerfreundlichkeit und der Geselligkeit von VoIP in Videospielen (vgl. Fitzpatrick et al. 2003, S. 130). Auch das Spielgenre kann durchaus von Belang sein, denn die Verwendung von VoIP-Software bietet sich nicht zwangsläufig für jedes einzelne Genre und für jeden Spielmodus an; Spiele, die sich zum Beispiel in erster Linie auf das Erzählen einer immersiven Geschichte konzentrieren und somit gegebenenfalls eine Vielzahl von Dialogen und Zwischensequenzen beinhalten, werden mitunter aufgrund der Verwendung von VoIP beispielsweise durch Dazwischenreden beeinträchtigt. Insgesamt funktioniert diese Form der Kommunikation in der Regel dann am besten, wenn sie von einer kleinen Gruppe von Spielern benutzt wird, die miteinander vertraut sind und ein Videospiel spielen, in dem unterschiedliche Taktiken, Stärken und Schwächen unterschiedlicher Spieler effizient miteinander koordiniert werden müssen; nutzt eine größere Anzahl von Spielern zur selben Zeit denselben VoIP-Sprachkanal, resultiert dies gegebenenfalls in Verwirrungen, Missverständnissen und Überladungen (vgl. Benda et al. 2007, S. 1f.). Insofern liegt der Fokus in diesem Projekt auf einer Kommunikationssituation zwischen zwei befreundeten Spielern, die gemeinsam ein Co-Op-Spiel spielen und währenddessen VoIP-Software zur Kommunikation miteinander nutzen; dies wahrt eine gewisse Übersichtlichkeit und ermöglicht dementsprechend eine klarere und eingehendere Analyse.

Die eigentlichen Spielaktivitäten, die vollzogen und in der VoIP-Kommunikation gegebenenfalls thematisiert werden, unterscheiden sich je nach Genre des Videospiels. Ein MMORPG oder ein RPG mit Multiplayer- bzw. Co-Op-Anteilen fokussiert sich beispielsweise nicht nur auf virtuelle Kämpfe, die wie in einem FPS-Spiel zwischen den Spielern besprochen und koordiniert werden müssen, sondern auch auf das gemeinsame Erkunden der Spielwelt, dem Erfüllen von Quests[2], dem Kommunizieren mit

---

[2]*Quests* bezeichnen insbesondere in RPGs diverse Aufgaben, die es vom Spieler zu erfüllen gilt, um beispielsweise die Geschichte des Spiels voranzutreiben oder Erfahrungspunkte zu sammeln, die in die Weiterentwicklung seiner Spielfigur auf unterschiedlichen Ebenen investiert werden können.

NPCs[3] und dergleichen (vgl. ebd.). Sie sind somit oftmals von einem sozial geprägten Erfahrungsrahmen umgeben (vgl. ebd.; vgl. weiterhin Fitzpatrick et al. 2003, S. 131f.), der einer kameradschaftlichen Kommunikation zwischen den einzelnen Spielern einen besonderen Stellenwert verleiht. Kennen sich die Spieler untereinander und sind gegebenenfalls miteinander befreundet, werden oftmals auch ebenso sogenannte *Off-Topic*-Themen besprochen, die gar nicht oder zumindest lediglich mittelbar mit dem Videospiel und seinen Aktivitäten zusammenhängen: „[...] while most players were happy to speak about game action, only people who knew each other in real life discussed topics unrelated to the game" (Benda et al. 2007, S. 4). Frei von Kontroversen ist die Einführung und Etablierung von VoIP insbesondere im (Online-)RPG-Genre jedoch nicht geblieben: Im Mittelpunkt solcher Kontroversen stehen Sorgen um die Privatsphäre und die Pseudonymität der Spieler im Hinblick auf deren Alter, Geschlecht usw. (vgl. ebd., S. 2) Auch die Aktivität des Rollenspielens geht durch VoIP-Kommunikation mitunter verloren, weil sie zum Beispiel durch die eigene Stimme eingeschränkt wird: „The separation between human players and the in-world characters they play is narrowed, and this may reduce the quality or even the possibility of role-play" (ebd.). Auf einer technischen Ebene sind ebenso bestimmte Probleme zu nennen, beispielsweise Lag; bereits eine minimale Verzögerung der Übertragung kann dazu führen, dass die Stimme eines Spielers abgehackt erscheint und entsprechend Verständnisprobleme entstehen können: „[...] As one participant reported, lag could lead to a breakdown of communication norms" (ebd., S. 3). Eine weitere Herausforderung lässt sich in dem Umstand ausfindig machen, dass sich bisherige Forschungsstände zu computervermittelter Kommunikation nicht ohne weiteres auf VoIP-basierte Kommunikation in Videospielen übertragen lassen; dies liegt daran, dass sich Videospiele als eine Freizeitaktivität nicht zwangsläufig mit den typischen Konzepten überschneiden, die in unterschiedlichen Arbeitskontexten, in denen computervermittelte Kommunikation zur Anwendung kommt, untersucht werden (vgl. ebd., S. 2f.). Zu diesen Konzepten gehören unter anderem Effizienz, Kosten, Effektivität, usw. (vgl. ebd.) Aufgrund dessen bietet es sich generell zunächst einmal an, den Bereich von computervermittelter Kommunikation im Rahmen dieses Projekts auf die sogenannte *Synchronous Voice-Based Computer-Mediated Communication*, im Folgenden als SVCMC abgekürzt, einzugrenzen. SVCMC fokussiert sich entsprechend auf die Art der fortwährenden Kommunikation zwischen zwei oder mehreren Personen, die mittels VoIP-Technologie ermöglicht wird (vgl. Firth et al. 2013, S. 217). In der Regel erfolgt diese spezifische Kommunikation gegenwärtig primär über den Computer oder über Smartphones; dennoch lässt sich daraus nicht unbedingt schlussfolgern, dass es sich bei SVCMC um ein neueres Kommunikationsphänomen handelt, da sie bereits ab Mitte der 1990er Jahre in geschäftlichen Kontexten zur Anwendung kam, beispielsweise in Form von Audio- und/oder Videokonferenzen (vgl. ebd., S. 217f.). Auch Telefongespräche zählen gemeinhin zum Bereich der SVCMC (vgl. ebd., S. 218). Die alltägliche Verwendung von neuerer SVCMC-Technologie in mannigfaltigen Kontexten hat sich indes durch die Verbreitung von Software wie zum Beispiel *Skype* nachhaltig manifestieren können. Von Belang für das Projekt ist eine spezifische Ausprägung von SVCMC, nämlich sogenannte Audio-Chaträume, die mithilfe von *Skype*, *Discord*, etc. bereitgestellt werden. Audio-Chaträume involvieren zwei oder mehr Personen, deren Kommunikation entsprechend über den Computer und entsprechender VoIP-Software abgewickelt wird (vgl. ebd., S. 220f.).

Abschließend lässt sich somit festhalten, dass für das vorliegende Projekt insbesondere das spezifische Feld der SVCMC auf dessen theoretischer Ebene von Belang ist. Gegenwärtig existiert noch eine empirische Lücke hinsichtlich wissenschaftlich motivierter Auseinandersetzungen mit SVCMC; diese Art der computervermittelten Kommunikation ist im Gegensatz zu textbasierten Ausprägungen

---

[3]Bei NPC handelt es sich um die Abkürzung für *Non-Playable Character*; NPCs in Videospielen sind, wie der Name offenlegt, nicht-spielbare Figuren, die unterschiedliche Rollen einnehmen können, zum Beispiel als Questgeber oder Händler von diversen Items.

derselben bisher vergleichsweise wenig erforscht worden (vgl. ebd., S. 217). In der Hoffnung, dieser Lücke zumindest ein nützliches Werkzeug für eine potenzielle Schließung hinzuzufügen, soll in diesem Projekt das Konzept der Dialogorganisation expliziert werden, um eine Analyse von SVCMC in einem bestimmten Kontext – die Kommunikation zwischen Spielern in einem Co-Op-RPG – auf Basis derselben vollziehen zu können. Dementsprechend werden im Folgenden ebendieses Konzept der Dialogorganisation und ihre zugehörigen Parameter erläutert.

2.2.   Aufschlüsselung der Dialogorganisation nach Gerd Fritz

Die Grundlagen der Dialogorganisation, die Gerd Fritz in dem gleichnamigen Text von 1994 beschreibt, bilden das Fundament der Analyse, die im Rahmen dieses Projekts durchgeführt wird. Im Mittelpunkt des Konzepts der Dialogorganisation steht laut Fritz die Frage, auf welche Art und Weise Dialogteilnehmer Dialogzusammenhänge produzieren und verstehen (vgl. Fritz 1994, S. 177). Er nimmt sich dieser Frage an, indem er ihr eine Theorie des sprachlichen Handelns zugrunde legt (vgl. ebd., S. 177f.); weiterhin trennt er die einzelnen Aspekte voneinander ab, aus denen sich die Fähigkeit des dialogischen Handelns zusammensetzt, weswegen sich ebendiese Aspekte als relativ fest umrissene Analysekategorien auffassen lassen (vgl. ebd., S. 178). Die Dialogfähigkeit des Menschen als solche bestimmt Fritz als die Anwendung von bestimmten Mitteln und Organisationsprinzipien, die dazu dienen, diverse kommunikative Ziele festzulegen und idealerweise auch zu erreichen. Natürlich gilt es dabei zu beachten, dass Dialoge stets unterschiedlich verlaufen können; dennoch sind den meisten Dialogen wiederkehrende Strukturmomente gemein, die es mitunter ermöglichen, sie einem oder mehreren Dialogtypen zuzuordnen (vgl. ebd.). Eine nachvollziehbare Kohärenz in Dialogsituationen hängt demnach unter anderem von solchen erkennbaren Strukturmomenten in Dialogen oder Dialogbestandteilen ab. Indes manifestiert sich die Dialogfähigkeit des Menschen stets in spezifischen Dialogsituationen und Dialogtypen, denn sie wird letztlich in derartigen Dialogsituationen für ebensolche Dialogsituationen und -typen erworben (vgl. ebd., S. 181). Indessen lassen sich fundamentale Aspekte der Dialogfähigkeit bestimmen, die situationsübergreifend gelten und die sich zudem gleichermaßen als die Analysekategorien der Dialogorganisation als solche festlegen lassen (vgl. ebd.). Diese einzelnen, grundlegenden Aspekte beziehungsweise Analysekategorien umfassen Sequenzmuster, Äußerungsformen, Festlegungssysteme, Wissensaufbau und -konstellationen, Themen und thematische Zusammenhänge und Kommunikationsprinzipien. Alle sechs Aspekte werden im Folgenden aufgeschlüsselt.

Sequenzmuster fasst als Obergriff unterschiedliche Arten von Sequenzen zusammen, die sich in diversen Dialogen ausfindig machen lassen. Zu diesen unterschiedlichen Arten von Sequenzen gehört zunächst einmal die sogenannte *Elementarsequenz*: Sie enthält kompakte Sequenzen wie zum Beispiel zweiteilige Gruß- und andere Höflichkeitsroutinen und routinierte Frage-Antwort-Sequenzen (vgl. ebd., S. 182). Dabei gilt zu beachten, dass sprachliche Handlungen generell unterschiedliche Reaktionsmöglichkeiten eröffnen, weswegen Alternativen für Sequenzmuster ebenso einen essentiellen und strategischen Bestandteil darstellen (vgl. ebd.). Bestimmte Reaktionsmöglichkeiten lassen sich zu unterschiedlichen Gruppen zusammenfügen, wenn sie eng mit der Vorgängerhandlung beziehungsweise -reaktion verknüpft sind (vgl. ebd.). Sowohl auf der lokalen Ebene als auch auf der globalen Ebene des Dialogs bringt dies Konsequenzen mit sich, da sie bestimmte direkte Anschlussmöglichkeiten – ergo die Ebene der lokalen Sequenzierung – sowohl eröffnen als auch verschließen, was sich wiederum auf den übergreifenden Dialogverlauf – ergo die Ebene der globalen Sequenzierung – auswirkt (vgl. ebd., S. 183). *Globale Sequenzmuster* treten insbesondere in umfangreicheren Dialogen als größere und funktional geprägte Bestandteile auf und basieren oftmals auf kleineren Elementarsequenzen, sind aber in der Regel weniger stark routiniert (vgl. ebd., S. 184). Erwähnenswert sind darüber hinaus weiterhin *hierarchische Sequenzmuster*, die der Vorbereitung, Klärung und Unterstützung von weiteren sprachlichen Handlungen dienen; sie können somit beispielsweise dazu genutzt werden, vorbereitend zu überprüfen, auf welchem Wissensstand sich die Dialogteilnehmer hinsichtlich eines bestimmten thematischen Aspektes oder dergleichen befinden, oder sie können als eine nachträgliche Klärungssequenz den Wissensstand erweitern, falls dieser zuvor nicht überprüft und überschätzt wurde (vgl. ebd., S. 183). Zu guter Letzt lässt sich noch der *Sprecherwechsel* anführen, der eine wesentliche Sequenzierungsart für Dialoge im engeren Sinne darstellt (vgl. ebd., S. 184); tragend für den Sprecherwechsel sind unter anderem Merkmale, die sich den Äußerungsformen zuordnen lassen, zum Beispiel eine steigende oder fallende Intonation oder das Einlegen von Pausen im Dialog (vgl. ebd.). Neben derartigen prosodischen Mitteln wie der Intonation und dem Einlegen von Pausen enthält der Aspekt der *Äußerungsformen* unter anderem diverse gestische und mimische Mittel, das Verwenden bestimmter syntaktischer Strukturen und lexikalischer Einheiten, usw. (vgl. ebd., S. 184f.)

Ist von einem *Festlegungssystem* als ein Aspekt der Dialogorganisation die Rede, dann ist damit gemeint, dass jeder Dialogteilnehmer mit jeder sprachlichen Handlung, die er vollzieht, eine bestimmte Menge von Festlegungen eingeht, die sowohl lokal als auch global den Dialogverlauf beeinflussen (vgl. ebd., S. 187). Somit verändert jede einzelne sprachliche Handlung den Kontext eines Dialoges auf eine charakteristische Art und Weise, denn nicht zuletzt kommen von sprachlicher Handlung zu sprachlicher Handlung stets neue Festlegungen hinzu, die die weiteren Entwicklungsmöglichkeiten und -einschränkungen eines Dialogs lenken (vgl. ebd.). Somit lässt sich für jeden Dialogteilnehmer als Produkt seiner Dialogbeiträge ein Festlegungsnetz bestimmen, dessen einzelne Festlegungen durch entsprechende Folgerungsbeziehungen und thematische Bezüge miteinander verknüpft sind (vgl. ebd., S. 187f.). Zudem werden sie zum Teil des gemeinsamen Dialogwissens. Zu berücksichtigen gilt mitunter allerdings, dass ein Dialogteilnehmer gegebenenfalls aufgrund von Unaufrichtigkeit oder dergleichen ein falsches Festlegungsnetz entwickeln kann, welches nicht seine tatsächlichen Annahmen, Einstellungen oder Gefühle widerspiegelt (vgl. ebd., S. 187).

Das *Wissen*, über das die einzelnen Dialogteilnehmer verfügen, verschafft ihren Äußerungen maßgeblich Sinn und stellt diese in einen Zusammenhang miteinander; verfügen ein oder mehrere Dialogteilnehmer nicht über das für einen Dialogkontext relevante Wissen, dann wird es ihnen in der Regel nicht möglich sein, einen kooperativen Dialogbeitrag zu leisten oder einen solchen (vollständig) zu begreifen (vgl. ebd., S. 188). Es gilt dabei, unterschiedliche Arten von Wissen voneinander zu unterscheiden – Gegenstand des Wissens, Herkunft des Wissens, Wissenskonstellation und Art der Präsenz des Wissens – (vgl. ebd.) die wiederum unterschiedliche Fragen aufwerfen, welche bei der Analyse einer Dialogorganisation von Belang sind beziehungsweise sein können, beispielsweise: Wie beeinflusst das Vorhandensein oder die Abwesenheit von bestimmtem Wissen die einzelnen sprachlichen Handlungen? Wie entsteht Wissen im Dialog, und wie wird es vermittelt? Welches Wissen ist für welchen Dialogstand jeweils relevant? (vgl. ebd.) Von besonderem Interesse sind diese und andere wissensbezogene Fragen, wenn sie auf Dialogtypen angewendet werden, die sich durch typische Wissenskonstellationen und eventuell deren Veränderungen im Verlauf des Dialogs auszeichnen. Insgesamt wird die dynamische Natur von Dialogen eben nicht nur dadurch charakterisiert, dass „[...] das relevante Wissen rasch wechseln kann, sondern auch, dass Kriterien der Relevanz ad hoc neu eingeführt werden können" (ebd., S. 191).

Der nächste Aspekt der Dialogorganisation – *Themen* und *thematische Zusammenhänge* – stellt ein äußerst grundlegendes Strukturprinzip von Dialogen dar, das zudem eng mit dem spezifischen kommunikativen Zweck eines Dialogs in Verbindung steht (vgl. ebd., S. 191). Die eigentliche Formulierung respektive Angabe von Themen kann im Dialog selbst auf unterschiedliche Art und Weise erfolgen, beispielsweise durch eine Fragestellung oder eine direkte Gegenstandsbenennung (vgl. ebd., S. 192). Somit kann die Verbindung zwischen einem Dialog und einem Thema von unterschiedlicher Gestalt sein, nämlich explizit oder implizit, kooperativ oder kompetitiv, streng oder locker usw. (vgl. ebd.) Dies hängt unter anderem auch vom Dialogtyp ab. Um ein Thema oder einen thematischen Zusammenhang in einem Dialog identifizieren zu können, bietet es sich beispielsweise an, sich an Ausdrücken zu orientieren, die besonders häufig oder an prominenten Stellen auftreten und gegebenenfalls durch die Syntax oder die Intonation hervorgehoben werden (vgl. ebd., S. 193). Allerdings ist dies weder eine notwendige noch hinreichende Bedingung für das Vorkommnis bestimmter Themen oder dergleichen, denn als thematisch lässt sich hier erst einmal lediglich die *Verwendung* bestimmter Ausdrücke bezeichnen (vgl. ebd.). Dementsprechend lässt sich als eine weitere Strategie das Nutzen von Wissen über die charakteristischen Muster der Themenbehandlung eines bestimmten Dialogtyps nennen; dazu gehört zum Beispiel das Argumentieren oder Erzählen (vgl. ebd.). Auch das Suchen und Erkennen von Folgerungsbeziehungen, die im Text zwischen zum Ausdruck gebrachten und übergeordneten Propositionen bestehen, kann dabei behilflich sein, Themen oder thematische Zusammenhänge in einem Dialog zu identifizieren (vgl. ebd.). Insgesamt lässt sich in jedem Dialog ein thematischer Zusammenhang verorten, der die diversen thematischen Übergange in Bezug zueinander stellt und in seiner Gesamtheit eine Art Netz des thematischen Wissens abbildet, das losgelöst vom eigentlichen Dialogverlauf betrachtet werden kann (vgl. ebd., S. 194). Das *Themenmanagement* der einzelnen Dialogteilnehmer wird indes mittels verschiedener sprachlicher Mittel bewerkstelligt: Somit können bestimmte Themenübergange, Abschweifungen von einem übergeordneten Thema oder die Rückkehr zu demselben durch bestimmte sprachliche Ausdrücke explizit markiert werden (vgl. ebd., S. 194f.). Auf denselben thematischen Gegenstand kann Bezug genommen werden, indem beispielsweise Pronomina, definite Kennzeichnungen und dergleichen verwendet werden (vgl. ebd.).

Die *Kommunikationsprinzipien* beziehungsweise *Kommunikationsmaximen* in der Dialogorganisation referieren hier wesentlich auf Paul Grice (vgl. ebd., S. 195). Er legt insgesamt vier Kategorien von Kommunikationsmaximen fest, die wie folgt lauten: Die Kategorie der Quantität umfasst den Aspekt des Informativitätsgrades von Dialogbeiträgen, während die Kategorie der Qualität den Wahrheitsgrad von Dialogbeiträgen in den Mittelpunkt rückt (vgl. ebd.). Eine weitere Rolle spielt die Kategorie der Relevanz, die sich eben mit der Einstufung der Dialogbeiträge hinsichtlich ihrer Relevanz für den Dialog insgesamt beschäftigt (vgl. ebd.). Der Stil als vierter und letzter Aspekt fokussiert sich auf die Vermeidung von Mehrdeutigkeit und daraus resultierender Unklarheit von Dialogbeiträgen (vgl. ebd.).

Alle sechs genannten und erläuterten Aspekte zeichnen die Dialogfähigkeit des Menschen aus und stellen somit gleichermaßen die Grundlagen und folglich Analyseparameter der Dialogorganisation dar. Diese Analyseparameter werden an späterer Stelle im Rahmen der eigentlichen Dialoganalyse angewendet. Bevor jedoch diese Analyse durchgeführt wird, erfolgt erst einmal ein Einblick in die methodischen Grundlagen dieses Projekts.

3. Methodische Grundlagen

Nach einer Übersicht über die theoretischen Grundlagen des vorliegenden Projekts wird darauf aufbauend das methodische Fundament desselben expliziert. Begonnen wird mit einer Vorstellung der verwendeten Transkriptions-Software; zudem wird im Rahmen dieser Vorstellung demonstriert, wie ebendiese Software verwendet wird. Danach wird das verwendete Datenmaterial für die Transkription und die Analyse in seinen Grundzügen dargelegt.

3.1. Transkriptionspraxis mit dem *EXMARaLDA-Partitur-Editor*

Damit das ausgewählte Datenmaterial für die eigentliche Analyse adäquat verwendet werden kann, bietet es sich an, ebendieses mündlich und visuell vorliegende Datenmaterial vorab zu transkribieren. Für den Vorgang der Transkription ist der *EXMARaLDA-Partitur-Editor* ausgewählt worden, der sich in erster Linie auf die Transkription und Annotation von mündlichen Korpora spezialisiert. Diese Korpora können als digitale Audio- und/oder Videodateien vorliegen; empfohlen wird gegenwärtig die Arbeit mit WAV- und/oder MPEG-4-Dateien. Die Funktionen, die der Partitur-Editor bietet, sind umfangreich und können an dieser Stelle lediglich in Auszügen vorgestellt werden: Die Software ermöglicht allem voran eine gleichgerichtete Transkription in unterschiedlichen Sprecher- und Nicht-Sprecher-Spuren des Gesprochenen und/oder des Gezeigten zur selben Zeit; dem Benutzer des Partitur-Editors ist es zudem freigestellt, nach welchen geläufigen Transkriptions-Konventionen die Transkription erfolgen und wie der Output der Transkriptionsergebnisse beschaffen sein soll. Standardmäßig werden die mit dem Partitur-Editor angelegten Transkriptionsdateien im EBT-Format (*EXMARaLDA Basic Transcription*) abgespeichert, die, wenn beispielsweise mit *Microsoft Word* oder einem anderen Textverarbeitungsprogramm geöffnet, die Transkription mit XML-Tags anzeigt. Dies ist der Tatsache geschuldet, dass dem Partitur-Editor ein auf XML basierendes System zugrunde liegt. Prinzipiell sind eine Vielzahl von Output-Optionen vorhanden, die vom Benutzer der Software eigenständig festgelegt werden können, beispielsweise RTF – formatierter Text –, TXT – einfacher Text –, und diverse XML-Variationen. Dies gilt es nach eigenem Ermessen und je nach Zweck der Transkription selbst zu bestimmen. Der Partitur-Editor ist kostenfrei, lässt sich über die offizielle Internetseite herunterladen[4] und ist für unterschiedliche Betriebssysteme verfügbar. Die Installation des Partitur-Editors erfolgt zügig und unkompliziert über einen Setup-Assistenten. Von Vorteil ist weiterhin, dass die Software auf der offiziellen Webseite detailliert dokumentiert ist, und darüber hinaus auf *YouTube* ein Video-Tutorial zur Anwendung des Partitur-Editors bereitgestellt worden ist, mit dem sich die Grundlagen einer einfachen Transkription mit der Software relativ schnell erlernen lassen.[5] Um nun zumindest schon einen ersten praxisbezogenen Einblick in den Partitur-Editor zu erhalten, wird nachfolgend ein kurzes Anwendungsbeispiel illustriert.

Vorab einer jeden Transkription gilt es, sich zuerst auf eine Transkriptions-Konvention festzulegen:[6] Es existieren unterschiedliche Konventionen, die für unterschiedliche Zwecke gedacht sind. Eine orthographische beziehungsweise lexikalische Transkription orientiert sich, wie der Name bereits vermuten lässt, daran, Gesprochensprachliches Wort für Wort aufzunehmen – so wie es sich eben auch in einem Lexikon oder Wörterbuch wiederfinden lassen würde –, und fokussiert sich primär auf die verbal wahrnehmbare Komponente des zu Transkribierenden. Eine phonetische Transkription hingegen ist spezialisiert auf die lautliche Umschreibung des Gesprochensprachlichen und wird in der Regel für linguistische Datenbanksysteme angewendet. Für die Arbeit mit dem Partitur-Editor wird indessen die sogenannte *halb-interpretative Arbeitstranskription* (HIAT) empfohlen: Bei HIAT handelt es sich im Wesentlichen um eine literarische Transkription, die durch diverse Regeln ergänzt wird; beispielsweise müssen Zahlen, Datumsangaben und Abkürzungen stets ausgeschrieben werden. Eigene Vermutungen für schwer verständliche Wörter beziehungsweise Wortfolgen werden in einfachen Klammern angegeben, während gänzlich unverständliche Passagen in doppelte runde

---

[4]Herunterladen lässt sich des Partitur-Editor auf: http://exmaralda.org/en/release/version
[5]Das Video-Tutorial ist zu finden unter: https://www.youtube.com/watch?v=xHQm-1LeFSw
[6]Die geläufigen Transkriptionskonventionen sind einzusehen auf: http://exmaralda.org/en/transcription-conventions/

Klammern gesetzt werden.[7] Nonverbale Phänomene gilt es, sofern vorhanden, neben dem Gesprochensprachlichen ebenso aufzunehmen und in doppelten runden Klammern anzuzeigen; man kann für ebendiese Phänomene eine eigene Spur pro Sprecher anlegen oder sie in der obligatorischen Kommentarspur aufnehmen (vgl. Herkenrath et al. 2004, S. 10). Neben den Sprecher-Spuren und den dazugehörigen Kommentarspuren muss weiterhin für jeden Sprecher eine Spur für besondere Betonungen angelegt werden (vgl. ebd., S. 55). Im Rahmen dieses Projekts wird die HIAT-Konvention für die Transkription des ausgewählten Datenmaterials verwendet.

Möchte man im Partitur-Editor eine neue Transkriptionsdatei anlegen, gilt es im ersten Schritt, die Audio- und/oder Videodateien auszuwählen, die man zu transkribieren gedenkt. Über das *Transcriptions*-Menü gelangt man zum Menüeintrag *Recordings*, der das entsprechende Dialogfenster öffnet, um die zu transkribierenden Dateien festzulegen.

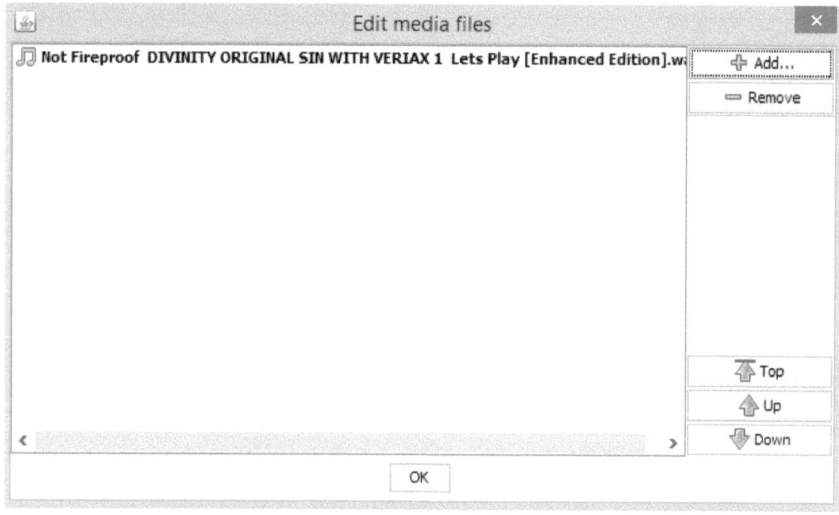

Abb. 1: Dialogfenster, in dem man die Dateien für die Transkription im Partitur-Editor auswählen, verschieben oder entfernen kann.

In Abb. 1 ist zu sehen, dass eine neue Audio-Datei im WAV-Format über das *Recordings*-Dialogfenster hinzugefügt worden ist; möchte man sowohl mit Audio- als auch mit Videodateien arbeiten, ist zu beachten, dass die Videodatei zuerst hinzugefügt beziehungsweise an die oberste Stelle verschoben werden muss, damit die Video- mit der Audiodatei ordnungsgemäß verknüpft werden kann.

Die hauptsächliche Benutzeroberfläche des Partitur-Editors ist indes zweigeteilt: Das *Oszillogramm* zeigt den Zeitstrahl und die Wellenform der ausgewählten Audio-Datei an. Die *Partitur* selbst, in der die eigentliche Transkription vorgenommen wird, enthält die Spuren – *Tiers* – der Sprecher und Nicht-Sprecher. Da im vorliegenden Projekt mit der HIAT-Methode gearbeitet wird, ist zudem das Anlegen einer Spur notwendig, die die nonverbalen Phänomene enthält, die sich bei der Wiedergabe der Audio- und Videodatei beobachten lassen. Abb. 2 zeigt im Folgenden sowohl das Oszillogramm als auch die Partitur innerhalb der Benutzeroberfläche an.

---

[7]Eine übersichtliche Auflistung der wichtigsten Regeln findet sich unter: http://exmaralda.org/wp-content/uploads/2015/12/General_Transcription_conventions_HIAT_Handout_DE.pdf

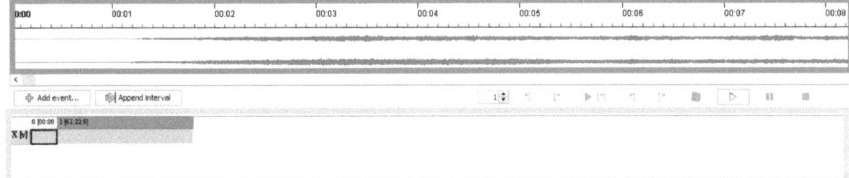

Abb. 2: Das Oszillogramm ist grün umrandet, die Partitur ist orangefarben markiert.

Die Sprecher, die sich in der Audio- respektive Videodatei identifizieren lassen, werden mithilfe des *Speakertable* verzeichnet. Dieser Menüeintrag ist ebenso über das *Transcriptions*-Menü verfügbar. Die Sprecher lassen sich über *Add Speaker* und *Remove Speaker* hinzufügen beziehungsweise entfernen. Es besteht dabei die ebenso Möglichkeit, für jeden Sprecher bereits automatisch eine neue Spur in der Partitur anzulegen, in dem die Option *Auto-add one T tier for new speakers* markiert wird. Schließlich lassen sich in den *Speaker Properties* noch diverse Eigenschaften der Sprecher festlegen, beispielsweise deren Name, Geschlecht, Muttersprache, etc. Hier gilt es eigenständig abzuwägen, welche Informationen von Interesse für die eigene Transkription und ihre Zwecke sind.

Abb. 3: Das Dialogfenster für das Speakertable im Partitur-Editor.

Möchte man seiner Transkription Nicht-Sprecher-Spuren hinzufügen – beispielsweise für das Festhalten nonverbaler Phänomene – gelangt man über das *Tier*-Menü und den Menüeintrag *Add Tier* in das entsprechende Dialogfenster. Im Falle des Anlegens einer Spur für nonverbale Phänomene ist es notwendig, als *Speaker* folglich *[no speaker]* auszuwählen, den *Type* als *Description* festzulegen und die Spur selbst *nv* – als eine Abkürzung für *nonverbal* – zu nennen.

9

Abb. 4: Dialogfenster für das Hinzufügen neuer Sprecher- und Nicht-Sprecher-Spuren für die Transkription mit dem Paritur-Editor.

Sämtliche erstellte Spuren werden nun in der Partitur, wie sie in Abb. 2 zu sehen ist, aufgeführt, und können jederzeit verschoben, gelöscht und anderweitig bearbeitet werden. Die Transkription selbst wird nun angelegt, indem man über *Add Event* neue Ereignisse der Partitur hinzufügt, die mit einem Zeitstempel versehen werden, welche wiederum auf den Zeitstrahl der Audio-Datei im Oszillogramm referieren. Diese Zeitstempel lassen sich mithilfe des Markierens von Ausschnitten im Oszillogramm vom Benutzer des Partitur-Editors festlegen. Dieses Markieren lässt sich relativ simpel durch Klicken und Ziehen mit einem entsprechenden Eingabegerät vollziehen und ist für den Vorgang des Transkribierens in kleinen Abschnitten besonders hilfreich. Mittels der Option *Append Interval* lassen sich Ereignisse in der Partitur einfügen, die einem vorherigen Ereignis unmittelbar folgen.

Das ausgewählte Datenmaterial für die Transkription mit dem EXMARaLDA-Partitur-Editor und für die eigentliche Dialoganalyse wird nun im nächsten Abschnitt vorgestellt.

3.2.   Über das ausgewählte Datenmaterial

Bei dem Datenmaterial, das für die Analyse im Rahmen des Projekts benutzt wird, handelt es sich um ein englischsprachiges *Let's Play* auf dem Videoportal *YouTube* zu dem Videospiel *Divinity: Original Sin* in der sogenannten *Enhanced Edition*. Dieses Let's Play wird von zwei befreundeten Spielern und YouTubern – *Lady Lilia*[8] und *Veriax*[9] – im Co-Op-Modus gespielt. Während die beiden gemeinsam das Videospiel spielen, kommunizieren sie zur selben Zeit über die VoIP-Software *Discord* miteinander. *Divinity: Original Sin* ist primär als ein RPG zu bezeichnen und verfügt neben dem Co-Op-Modus über einen Einzelspieler-Modus. Auf der offiziellen Internetseite zu dem RPG wird der Co-Op-Modus als eine Art des Miteinanderspielens beschrieben, die sich vor allem durch ein einzigartiges Dialogsystem auszeichnet, in dem beide Spieler mit den Figuren in der virtuellen Spielwelt interagieren und gemeinsam den Dialogverlauf lenken: „Just like in a pen and paper RPG, the party members have opinions on what to do next. With our unique co-op dialog system, there is no party leader. If both heroes are talking to a character, then both participate and will make the final decision together." (vgl. http://www.divinityoriginalsin-enhanced.com/en/game/multiplayer) Hierin lässt sich für die Transkription innerhalb des vorliegenden Projekts eine wesentliche Besonderheit ausmachen: Neben den Sprecher-Spuren, die für Lilia und Veriax angelegt werden müssen, ist es weiterhin ratsam, für die Dialoge, die im Videospiel zwischen den Spielfiguren , NPCs, usw. stattfinden, ebenso die notwendigen

---

[8]YouTube-Kanal von Lady Lilia: https://www.youtube.com/c/LadyLilia
[9]YouTube-Kanal von Veriax: https://www.youtube.com/user/veriax

Sprecher-Spuren anzulegen, um ein möglichst vollständiges Bild des Dialogkontextes inner- und außerhalb des Videospiels erhalten zu können.

Für die Transkription selbst wird sich auf einen vergleichsweise kleinen Ausschnitt fokussiert. Das Let's Play von Lilia und Veriax zu *Divinity: Original Sin* umfasst insgesamt 79 Videos, und jedes Video ist jeweils ca. 60 Minuten lang.[10] Die schiere Datenmenge, die sich aufgrund dessen potenziell ergibt, gilt es zumindest für das Anliegen dieses Projekts einzugrenzen auf einen kurzen Ausschnitt, der sich vergleichsweise schnell transkribieren und mithilfe der vorgestellten Parameter der Dialogorganisation präzise analysieren lässt. Das Let's Play ist zu diesem Zeitpunkt abgeschlossen, weswegen kein neues Datenmaterial zu der Video-Playlist hinzukommen wird. Lilia und Veriax beschreiben ihr gemeinsames Let's Play in der Beschreibung der Video-Playlist folgendermaßen: „Join Veriax and I in a very long and epic adventure in Rivellon. We are going to be casually roleplaying through the game at our own pace. We will read things and fail often. We're playing on classic difficulty." Es wird angemerkt, dass beide Spieler ein zwangloses Rollenspiel durch das Spiel hindurch verfolgen werden; hierbei handelt es sich um eine Spielaktivität, die für das Genre der RPGs als durchaus typisch zu bezeichnen ist. Interessant wird hier zu beobachten sein, wie diese spezifische Spielaktivität auf der Ebene der VoIP-Kommunikation zwischen Lilia und Veriax zum Ausdruck kommt, wie sich diese mittels der Dialogorganisationsparameter beschreiben und einordnen lässt und inwiefern sie gegebenenfalls einen Bestandteil des Ebenwechsels zwischen den eingangs postulierten Parallelwelten ausmacht.

Um sowohl an die Audio- als auch an die Video-Datei eines ausgewählten Videos aus der Playlist zu gelangen, genügt es, über eine der mannigfaltigen und in der Regel kostenlosen Konvertierungs-Dienstleistungen im Internet den Link zu dem entsprechenden Video einzupflegen und das gewünschte Konvertierungsformat auszuwählen. Die konvertierte Datei lässt sich dann herunterladen und entsprechend im Partitur-Editor einfügen.

Diesem Kapitel schließt sich im Folgenden die eigentliche Dialoganalyse an; der ausgewählte Transkriptionsausschnitt wird vorgestellt, mithilfe der eingeführten Parameter der Dialoganalyse untersucht und schließlich hinsichtlich der primären Fragestellung dieses Projekts ausgewertet.

4. Analyse des Datenmaterials

Transkribiert wird ein circa 5 Minuten langer Ausschnitt aus dem Video *Not Fireproof | DIVINITY ORIGINAL SIN WITH VERIAX #1 | Let's Play [Enhanced Edition]*[11], ursprünglich hochgeladen am 20. Februar 2016. Da es sich bei diesem Video um den ersten Eintrag des Let's Play handelt, stellen sich Lilia und Veriax zunächst einmal vor und schildern kurz ihre bisherige Erfahrung mit dem Videospiel beziehungsweise mit der Spielreihe insgesamt: „We've got a basic, fundamental understanding about how stuff works, but we're by no means pro or anything" (00:01:11). Nach dieser Einführung in das Let's Play wird eine Zwischensequenz abgespielt, die knapp in die Handlung einleitet und den Startpunkt des Videospiels kontextualisiert. Das eigentliche Spiel beginnt mit einem mehr oder minder impliziten Tutorial; dies wird an mehreren Stellen von Lilia und Veriax auch als ein solches identifiziert (vgl. 00:09:37; vgl. weiterhin 00:17:58).

---

[10]Link zur YouTube-Playlist des Let's Play:
https://www.youtube.com/playlist?list=PL14p1fPgxfv8HZQZhEit9sCjIVaCOZ2W-
[11]Link zum Video: https://www.youtube.com/watch?v=iD4Zd6zAQCY

4.1.   Dialogorganisatorische Untersuchung eines Transkriptionsausschnitts

Für die Transkription des ausgewählten Ausschnitts sind gemäß der HIAT-Richtlinien folgende Spuren im Partitur-Editor angelegt worden: Zwei Sprecher-Spuren für Lilia und Veriax als Spieler sowie zwei Sprecher-Spuren für ihre gleichnamigen Spielfiguren. Essentiell für eine Transkription nach HIAT-Richtlinien sind weiterhin eine Spur für Intonationsbesonderheiten und eine Kommentarspur. Die Intonations- und Kommentarspur sind für jeweils beide Spieler angelegt worden; zudem sind in der Kommentarspur die zu beobachtenden nonverbalen Phänomene untergebracht. Der transkribierte Ausschnitt beginnt ab circa 00:15:14 und endet bei circa 00:20:20, und Lilia und Veriax erkunden in diesem Zeitraum das Tutorial-Verlies mit ihren Spielfiguren. Es wird nun eine Auswahl verschiedener Beispiele angeführt, in denen sich die unterschiedlichen Parameter der Dialogorganisation jeweils auf eine aufschlussreiche Art und Weise illustrieren lassen. Die Transkription ist indes in ihrer Gesamtheit separat beigelegt; für das Anzeigen der Beispiele wird hier im Übrigen ein RTF-Output der Transkription verwendet.

Beispiel 1: Sequenzmuster

[53]

		71 [19:15.9]
Lilia [Player] [v]	town, like buying spells and crafting and –	((unverständlich)) Skills.
Veriax [Player] [v]		Skills!
		-
Veriax [Character] [v]		Might need to blow this one

[54]

	72 [19:18.4]	73 [19:20.4]
Lilia [Player] [v]		Blow this one open? Can you open stuff
		-
Veriax [Player] [v]	Oh, hang on, lockpicks!	
Veriax [Character] [v]	open.	

[55]

	74 [19:23.5]
Lilia [Player] [v]	with grenades?
Veriax [Player] [v]	((1,5 s)) Possibly, I, um … Well, I don't see why not,

[56]

		75 [19:30.9]
Lilia [Player] [v]		Huh.
Veriax [Player] [v]	because it's, it's just a damage bar, so you would be able to.	

Anmerkung: Die für das Beispiel relevanten Passagen sind gelb beziehungsweise grün hervorgehoben.

Das erste Beispiel demonstriert eine lokale Frage-Antwort-Sequenz, die zwischen Lilia und Veriax erfolgt: Sie knüpft auf einer übergreifenden beziehungsweise globalen Ebene des Dialogs an eine Aussage der Spielfigur von Veriax an, die bezüglich einer Truhe in der virtuellen Spielwelt anmerkt, dass man diese gegebenenfalls aufsprengen muss, um an ihren Inhalt zu gelangen; diese Passage ist im Beispiel gelb hervorgehoben. Aufgrund dieser Aussage wird entsprechend die – grün markierte – Frage von Lilia gestellt, ob es möglich ist, Gegenstände in der Spielwelt mit Granaten zu öffnen. In der Intonationsspur unter Lilias Sprecher-Spur ist diese Frage weiterhin nochmals hervorgehoben. Nach einer kurzen Pause beantwortet Veriax ihre Frage, ebenfalls grün markiert: Er scheint sich zunächst nicht vollständig sicher zu sein – zum Ausdruck gebracht durch die Einleitung in seine Antwort mit „Possibly" und einem kurzen Innehalten mit „um", das schließlich zum Abbruch seiner ersten Antwort führt und ihn dazu bewegt, sie neu zu formulieren. Er begründet sein Bejahen ihrer Frage nun in seiner neu formulierten Antwort mit der Tatsache, dass die Truhe eine Schadensanzeige aufweist; daraus schließt er, dass es möglich ist, Truhen mit Granaten aufzusprengen. Er fasst also einen spezifischen Bestandteil in der virtuellen Spielwelt – die Schadensanzeige der Truhe – als einen möglichen Hinweis darauf auf, dass sich Truhen auf die genannte Art und Weise öffnen lassen. Hier fließt demnach ebenso der Aspekt des Wissens in die Frage-Antwort-Sequenz mit hinein; während Lilia sich mit ihrer Frage einen aktualisierten Wissensstand um eine mögliche Interaktionen mit (Teilen) der Spielwelt aneignen möchte, nutzt Veriax die virtuelle Spielumgebung als Teil seines vorhandenes Wissens über die Spielwelt und ihre Beschaffenheit, um eine begründete Vermutung diesbezüglich in den Raum zu stellen.

Beispiel 2: Äußerungsformen

[35]

	50 [17:54.2]	51 [17:55.7] 52 [17:57.5]
Lilia [Player] [v]		Loots! ((1,5 s)) Yeah, so this
	Loots!	
Veriax [Player] [v]	-	-
Lilia [Character] [v]	lucky day!	
[Veriax [Player] [k]]	*Bezieht sich auf gefundene Beute in Spielwelt.*	

Anmerkung: Die für das Beispiel relevanten Passagen sind grün hervorgehoben.

Mithilfe des zweiten Beispiels lässt sich eine für Videospiele spezifische Äußerungsform darlegen: Es handelt sich hierbei um das Wort *loot* beziehungsweise *loots*, das in Videospiel-Kontexten in der Regel verwendet wird, um auf Beutegut zu verweisen, das man entweder in der Spielwelt an unterschiedlichen Orten finden kann und/oder besiegten Feinden abnimmt. Im vorliegenden Falle findet Veriax Beute in der Spielwelt und verkündet dies erfreut mit dem Ausruf „Loots!", den Lilia gleichermaßen erfreut wiederholt; ihre Wiederholung kann weiterhin auch als eine positiv geartete Zustimmung gewertet werden. Beide Dialogteilnehmer identifizieren mit diesem Ausruf einen Gegenstand in der Spielwelt, auf den sie mithilfe eines für Videospiele etablierten Terminus verweisen können. Das Wort *loot* existiert natürlich auch außerhalb des Videospiel-Kontextes, hat aber in ebendiesem Kontext eine feste und spezifische Verwendungsweise und ist in der Regel mit positiven Assoziationen ausgestattet, wie an der Reaktion der beiden Dialogteilnehmer zu sehen ist. Beide Ausrufe sind in den jeweiligen Intonationsspuren hervorgehoben, weil sie die Freude über das gefundene Beutegut zum Ausdruck bringen; dies lässt sich auch daran festmachen, dass Lilia den Ausruf von Veriax sogleich und ebenso erfreut wiederholt.

Beispiel 3: Festlegungssystem

[46]

	64 [18:43.8]
Veriax [Player] [v]	such. So • I'm gonna do something unusual, at least for my channel, and,

[47]

Veriax [Player] [v]	and, cut a lot of it out, • • um, because it's quite tedious to watch the

[48]

		65 [18:54.4]	66 [18:57.0]
Lilia [Player] [v]		There's a lot.	A lot of times …
Veriax [Player] [v]	amount that there is.	So, just let people do that.	((unverständlich))

Anmerkung: Die für das Beispiel relevanten Passagen sind grün hervorgehoben.

Die Festlegungen, die Veriax in seiner Aussage im dritten Beispiel impliziert, beziehen sich auf eine Handlung, die außerhalb des unmittelbaren Videospiel-Kontextes liegt. An dieser Stelle ist für sie in erster Linie von Belang, dass Lilia und Veriax ein Let's Play für YouTube aufnehmen und entsprechend auf ihren Kanälen die einzelnen Videos davon hochladen. Veriax merkt an, das er etwas tun wird, dass für seinen eigenen YouTube-Kanal ungewöhnlich ist; hier ist also bereits eine erste Festlegung zu verzeichnen, die einen Normalzustand wiedergibt, der aber, wie der nächste Teil der Aussage illustriert, zumindest für dieses Let's Play aufgehoben werden soll. Es geht dabei um das Schneiden beziehungsweise Entfernen von bestimmten Teilen der Videos, die er hochlädt: Er gibt an, dass er dies normalerweise nicht tut, aber weil in diesem spezifischen Videospiel des Öfteren das Gegenstandsinventar der Spielfigur organisiert werden muss (vgl. 00:18:37), macht er dieses Mal eine Ausnahme. Er begründet dies damit, dass es für den Zuschauer langweilig ist, sich diesen Teil der Videos derart häufig ansehen zu müssen, und geht damit eine weitere Festlegung ein, die womöglich auch auf sein persönliches Empfinden diesbezüglich gründet. Lilia stimmt ihm zu mittels ihrer Aussage „There's a lot" und schließt sich demnach einem Teil der Festlegungen an, die Veriax hier vertritt.

Beispiel 4: Wissen

[3]

		4 [15:26.8]	5 [15:33.0]6 [15:34.5]
Lilia [Player] [v]			What?
Veriax [Player] [v]	s)) A chest! Oh, I don't have any lockpicks. Did I take …		Lock/I
[Veriax [Player] [k]]	-		

[4]

		7 [15:35.7]	8 [15:37.2]
Lilia [Player] [v]		We have to find lockpicks, I believe.	
Veriax [Player] [v]	got lockpicking.		I know, yeah, but

14

Veriax [Player] [v]	I, I (was) just checking whether I had the skill ((1 s)) in the first place.

Anmerkung: Die für das Beispiel relevanten Passagen sind grün hervorgehoben.

Das vierte Beispiel zeigt auf, wie der Aspekt des Wissens an einer bestimmten Stelle im Dialog denselben anschaulich beeinflusst: Veriax findet in der Spielwelt eine Truhe, die er allerdings ohne Dietriche nicht öffnen kann. Daran schließt sich der Beginn einer Frage an – „Did I take …" – doch er bricht sie ab, bevor er sie zu Ende formuliert hat, woraufhin Lilia eine Nachfrage anstellt, um seine Aussage beziehungsweise Frage vollständig nachvollziehen zu können. Er gibt an, dass er Schlossknacken ausgewählt hat, und Lilia entgegnet darauf, dass sie erst einmal Dietriche in der Spielwelt finden müssen. Sie denkt an dieser Stelle vermutlich, dass Veriax über diesen Sacherhalt nicht Bescheid weiß, und beabsichtigt somit, ihn diesbezüglich mit ihrer Aussage aufzuklären. Er stellt jedoch klar, dass er darüber Bescheid weiß, klärt seine ambige Aussage auf, und lässt Lilia wissen, dass er sich lediglich vergewissern wollte, dass seine Spielfigur die Fähigkeit des Schlossknackens überhaupt besitzt. An dieser Stelle lässt sich beobachten, wie der Aspekt des Wissens beispielsweise für Lilia von Belang ist, da sie sich erst einmal bei Veriax informiert, was er eigentlich zum Ausdruck bringen möchte – deswegen auch ihre anfängliche Nachfrage – und im Anschluss daran eine Erklärung von sich gibt, um Veriax auf denselben Wissensstand wie sie zu bringen, da sie – fälschlicherweise – annimmt, dass er nicht über denselben Wissenstand verfügt. Es wird jedoch nach seiner Aufklärung über seine Aussagen klar, dass es sich um ein Missverständnis handelt, welches von seiner Seite relativ schnell bereinigt wird.

Beispiel 5: Thema und thematischer Zusammenhang

	12 [15:50.3]	13 [15:52.3]
Lilia [Player] [v]	Everything seems to be broken.	
Veriax [Player] [v]		(We're gonna) put these candles
Lilia [Character] [v]	broken.	
Veriax [Character] [v]	This seems to be broken.	
[Veriax [Player] [k]]		*Lacht.*

Veriax [Player] [v]	out – Who lit these candles, it's the all/it's the ever-present question
[Veriax [Player] [k]]	

[9]

	14 [15:56.9]	15 [15:59.5]
Lilia [Player] [v]	It's the question in every RPG, isn't it?	Who keeps these candles
Veriax [Player] [v]	((lacht)).	Like, who keeps these
[Veriax [Player] [k]]		

[10]

Lilia [Player] [v]	lit? It –	
Veriax [Player] [v]	lit? Put them out, it's, it's, it's, it's a, it's a fire hazard, I don't like it.	

Anmerkung: Die für das Beispiel relevanten Passagen sind grün hervorgehoben.

Das Thema beziehungsweise der thematische Zusammenhang im Dialog von Lilia und Veriax ist hier eng verknüpft mit dem eigentlichen Spielgeschehen: Veriax leitet in ein neues Thema innerhalb des Dialogs ein, indem er anmerkt, dass die Kerzen im Verlies gelöscht werden sollten; daran knüpft er die Frage an, wer in diesem unbewohnten und verlassenen Ort überhaupt die Kerzen entzündet hat. Er behauptet darüber hinaus, dass diese Frage eine allgegenwärtige ist und erhält Lilias Zustimmung. Sie erweitert zudem seine aufgestellte Behauptung, indem sie seine Frage auf jedes RPG überträgt: „It's the question in every RPG, isn't it?" Signalisiert wird das Thema – das Mysterium bereits entzündeter Kerzen in Videospielen beziehungsweise RPGs und ihren Verliesen – primär durch die Wörter „candles" und „lit", die im Laufe dieses Dialogausschnitts mehrmals von beiden Dialogteilnehmern wiederholt werden. Veriax beabsichtigt mit der Einführung dieses spezifischen Themas zudem, dass eine bestimmte Handlung in der Spielwelt ausgeführt wird, nämlich das Löschen des Kerzenlichts, da er es als eine – virtuelle – Brandgefahr identifiziert. Interessant ist hier die Referenz auf die mitunter klischeehafte Frage nach dem Mysterium der bereits entzündeten Kerzen in Videospielen, die zum Teil sogar in entsprechenden Foren humorhaft diskutiert wird.[12]

Beispiel 6: Kommunikationsprinzipien

[23]

	35 [16:59.3]	36 [17:00.4] 37 [17:01.0]	
Lilia [Player] [v]		Yes!	Oh yeah, we're supposed to be holding
Veriax [Player] [v]	A chest key!	Chest! ((1 s)) I took … ((lacht))	
Lilia [Character] [v]	broken.		
[Veriax [Player] [k]]		*Lacht.*	

[12]Siehe dazu beispielsweise: https://gamefaqs.gamespot.com/boards/615805-the-elder-scrolls-v-skyrim/61445399

[24]

		38 [17:04.8]
Lilia [Player] [v]	down our ((unverständlich)).	What?
Veriax [Player] [v]		I just picked up/I took the chest.
[Veriax [Player] [k]]		*Spielfigur war dazu in der Lage, die Truhe aufzuheben; ist eine*

[25]

		39 [17:06.8]
Lilia [Player] [v]		Oh ((lacht)), really?
Veriax [Player] [v]		((unverständlich)) I
[Lilia [Player] [k]]		*Lacht.*
[Veriax [Player] [k]]	*i. d. R. ungewöhnliche Interaktionsmöglichkeit, daher die Hervorhebung.*	

[26]

	40 [17:08.8]	41 [17:11.8]
Lilia [Player] [v]	I did not know you could do that. Wow.	
Veriax [Player] [v]	picked up the chest. ((lacht))	Here we
[Lilia [Player] [k]]		
[Veriax [Player] [k]]		*Inspiziert Inhalt*

Anmerkung: Die für das Beispiel relevanten Passagen sind grün hervorgehoben.

Die Kommunikationsprinzipien, die sich in diesem Beispiel veranschaulichen lassen, belaufen sich vor allem auf das Prinzip der Informativität und auf das Prinzip des Stils. Veriax stellt bei der Interaktion mit einer Truhe im Verlies fest, dass er diese aufheben kann; hierbei handelt es sich um eine ungewöhnliche Interaktionsmöglichkeit, die weder ihm noch Lilia zuvor bekannt gewesen ist. Aufgrund dieser zufälligen Entdeckung einer vorab unbekannten Interaktion leistet Veriax an dieser Stelle einen durchaus informativen Dialogbeitrag, der unmittelbar mit ebendieser Handlung des Aufhebens der Truhe in der virtuellen Spielwelt in Verbindung steht. Um Unklarheit diesbezüglich zu vermeiden – ergo um das Kommunikationsprinzip des Stils aufrecht zu erhalten – wiederholt er seine Feststellung mehrmals, und Lilia reagiert entsprechend darauf, indem sie entgegnet, davon nicht gewusst zu haben, was wiederum in einer Steigerung des Informativitätsgrades seiner Aussage resultiert.

An den insgesamt sechs Beispielen hat sich die Anwendung der einzelnen Parameter der Dialogorganisation auf die eigene Transkription anschaulich darlegen lassen; selbstverständlich wäre es weiterhin möglich gewesen, die Anwendung sämtlicher Parameter auf jedes einzelne Beispiel zu verschriftlichen, allerdings erscheint es aufschlussreicher, sich pro Beispiel auf einen hervorstechenden Parameter zu konzentrieren. Darüber hinaus hätte es den Rahmen dieses Projekts gesprengt, die Ergebnisse der Anwendung von jedem einzelnen Parameter auf jedes Beispiel beziehungsweise die gesamte Transkription hier auszuführen. Im nächsten Abschnitt werden nun stattdessen zusammenfassend die Beobachtungen zusammengetragen, die bei der Analyse der Transkription mithilfe der Dialogorganisationsparameter entstanden sind, und die darüber hinaus eine mögliche Antwort auf die eingangs gestellte Frage zuwege bringen.

4.2. Die Parallelwelten – dialogorganisatorisch abgrenzbar?

Das zentrale Anliegen, das dieses Projekt rahmt, wird dadurch bestimmt, wie Spieler von Co-Op-Spielen, die VoIP-Software nutzen, um miteinander zu kommunizieren, die möglichen Bezugsebenen in ihrer Kommunikation untereinander organisieren. Als die wesentlichen Bezugsebenen werden, wie bereits erwähnt, das Spiel beziehungsweise die virtuelle Spielwelt und die Realität, in der sich die Spieler befinden, angeführt. Die Parameter der Dialogorganisation – Sequenzmuster, Äußerungsformen, Festlegungssysteme, Wissen und Wissenskonstellationen, Themen und thematische Zusammenhänge und Kommunikationsprinzipien – sind für ebendieses Projektanliegen auf einen Dialogausschnitt zweier Spieler, Lilia und Veriax, angewendet worden; nun wird schließlich zumindest ansatzweise geklärt, ob und inwiefern eine explizite und/oder implizite Organisation zwischen den sprachlichen Parallelwelten der Spielwelt und der Realität festgestellt werden kann, und wie eine derartige Organisation gegebenenfalls auf einer sprachlichen Ebene im Dialog zum Ausdruck gebracht wird.

Ein nennenswerter Aspekt, der in derartigen Dialogsituationen die unterschiedlichen Bezugsebenen häufig sprachlich markiert, lässt sich darin verorten, wie die Spieler auf die Spielfiguren referieren, über die sie innerhalb der virtuellen Spielwelt Kontrolle erlangen. Die Beziehung zwischen dem Spieler und seiner Spielfigur ist insbesondere in Videospielen von einer besonderen Interaktivität gezeichnet, da die Spielfigur als eine Art Extension des Spielers mit der virtuellen Spielwelt interagiert und stellvertretend diejenigen Handlungen ausführt, die der Spieler mithilfe diverser Eingabegeräte für sie festlegt – hierzu zählt beispielsweise das Reden mit NPCs, Kämpfen gegen Feinde, Aufsammeln von Gegenständen in der Spielwelt usw. Die deiktischen Äußerungsformen, die von Lilia und Veriax im Hinblick auf das Sprechen über ihre Spielfiguren genutzt werden, tragen indessen oftmals zu einem Verschwimmen der Grenzen zwischen den unterschiedlichen Bezugsebenen bei: An einer Stelle referiert Lilia beispielsweise zunächst auf ihre Spielfigur, indem sie sie als „my character" bezeichnet (vgl. 00:05:11:"I actually gave my character a trait that allows her to carry twice her inventory limit."; vgl. weiterhin 00:08:33: "I have a feeling your character will make a whole lot more sense than mine does). Just because I have less of an idea of her character, basically."); an dieser Stelle ist somit ersichtlich, dass sie auf etwas *in* der Spielwelt verweist, das ihr zwar zugehörig ist – verdeutlicht durch das Determinativ *my* –, sich aber dennoch von ihr als Spielerin, verankert in der Realität, losgelöst auf einer anderen Bezugsebene – der virtuellen Spielwelt – befindet. Es ist eine sprachliche Distanz zwischen Lilia als Spielerin und Lilia als Spielfigur zu erkennen, und dies kann als ein Hinweis auf unterschiedliche Bezugsebenen gewertet werden, die von ihr als Dialogteilnehmerin sprachlich wahrgenommen und anerkannt werden. Allerdings verbleibt diese deiktische Unterscheidung zwischen Spieler und Spielfigur auf der spezifischen Ebene der Äußerungsformen nicht immer durchweg derart klar voneinander abgetrennt: An anderen Stellen – wie auch im vorherigen Abschnitt an den ausgewählten Beispielen ersichtlich – nehmen weder Lilia noch Veriax eine explizite Unterscheidung vor, während sie miteinander kommunizieren, und verweisen sowohl auf sich selbst als auch auf ihre Spielfiguren in der ersten und zweiten Person: *„I picked up the chest"*, *„I think I'll just pick it with a lock"*, *„I didn't mean to hit you"*,*"I'm gonna do something unusual [...] for my channel"* etc. Hier könnte man nun zunächst annehmen, dass es aufgrund dessen zu Missverständnissen in der Kommunikation zwischen Lilia und Veriax kommt, wenn die Abtrennung zwischen Spieler und Spielfigur nicht deutlich erfolgt. Allerdings ist zu berücksichtigen, dass neben der sprachlichen Ebene in der VoIP-Kommunikation gleichermaßen auch eine visuelle Ebene hinzukommt, die die Spielfiguren in der virtuellen Spielwelt und in ihren Interaktionen mit derselben detailliert anzeigt; dieser zusätzliche Kontext kann dabei behilflich sein, Missverständnisse diesbezüglich zu minimieren. Warum Lilia und Veriax die Unterscheidung zwischen sich und den Spielfiguren nicht konsequent einhalten, hat wahrscheinlich mehrere Gründe, die eventuell auch von pragmatischer Natur sind: Somit ist es beispielsweise kürzer und effizienter, nicht jedes Mal mit „my character" oder dergleichen auf die Spielfigur verweisen zu müssen, insbesondere dann, wenn durch das stetige Erkunden der Spielwelt Ereignisse in Gang gesetzt werden, die es erfordern, des Öfteren über die Spielfiguren und deren Handlungen zu sprechen, zu koordinieren usw.

Weiterhin lässt sich auf Ebene der Äußerungsformen der Einsatz von spielerspezifischem Jargon und bestimmten Referenzen festhalten, die mitunter eine sprachliche (Re-)Etablierung auf der Ebene der Realität im Dialog zum Ausdruck bringen können; hierfür lassen sich unter anderem Beispiel 2 – der *Loot*-Begriff – und Beispiel 5 – das Mysterium der bereits entzündeten Kerzen – aus dem vorherigen Abschnitt nennen. Wenngleich mit dem spielerspezifischen Jargon und den diversen Referenzen Dinge beschrieben werden, die mit der virtuellen Spielwelt explizit oder implizit im Zusammenhang stehen können, ist dennoch insofern eine Abgrenzung zu dieser Ebene vorhanden, als der Jargon und die Referenzen gemeinhin spiele-, wenn nicht sogar genreübergreifend, gelten, und in anderen Kontexten gegebenenfalls auch als ein Identifikationsmerkmal in spielerzentrierten Gruppen dienen können. Sie sind somit nicht ausschließlich an die Bezugsebene der virtuellen Spielwelt gebunden, da die Möglichkeit besteht, sie auch außerhalb derselben sinnvoll anzuwenden. Dementsprechend kann insgesamt der Einsatz von spielerspezifischem Jargon, bestimmten Referenzen und unterschiedlichen Verweisen auf die eigene Spielfigur und die Spielfigur des Mitspielers hinsichtlich des Aspektes der Äußerungsformen als ein Mittel der Organisation der unterschiedlichen Bezugsebenen gewertet werden; allerdings erfolgt ebendieser Einsatz nicht immer zwangsläufig auf eine explizite Art und Weise und erfordert mitunter die Berücksichtigung von weiteren Kontexten, die sich nicht auf den eigentlichen Dialog beziehen müssen.

Der nächste und letzte Parameter, der in diesem Abschnitt gesondert hervorgehoben werden soll, ist der des Themas beziehungsweise des thematischen Zusammenhangs: Auffällig ist hier, dass, wie in Beispiel 5 aus dem letzten Abschnitt bereits angemerkt worden ist, die jeweiligen Themen, die angeschnitten werden, und der thematische Zusammenhang eng mit dem eigentlichen Spielgeschehen beziehungsweise dem Videospiel verknüpft sind. Dies hat sich für die Transkription des ausgewählten Dialogausschnitts insgesamt ergeben; folglich lässt sich annehmen, dass der Dialog zwischen Lilia und Veriax hinsichtlich seiner thematischen Ausprägungen vor allem auf die Ebene der virtuellen Spielwelt rekurriert. Das Spielgeschehen, das sich auf dem Bildschirm ereignet, lenkt den Dialog maßgeblich und eröffnet beziehungsweise verschließt darüber hinaus (Teil-)Themen, die in einem unmittelbaren oder mittelbaren Zusammenhang mit dem Spielgeschehen oder dem Videospiel als solches stehen, wie unter anderem zu sehen ist in Beispiel 3, wenn Veriax über seinen eigenen YouTube-Kanal spricht. Es ergibt sich demnach eine konzentrierte, aber dennoch umfangreiche Bandbreite an unterschiedlichen Themen und Teilthemen, die Veriax und Lilia in ihrer Kommunikation miteinander aufnehmen. Die Organisation der unterschiedlichen Bezugsebenen – die virtuelle Spielwelt und die Realität – gelangt dadurch mitunter in eine von Ambiguität geprägte Grauzone und lässt sich nicht immer ohne weiteres explizit benennen. Sie wird aber gelegentlich klarer herausgestellt, beispielsweise dann, wenn technische Probleme in der VoIP-Kommunikation auftreten und somit unmissverständlich die Bezugsebene der virtuellen Spielwelt verlassen und das Thema entsprechend – zumindest für eine kurze Zeit – gewechselt und in der Realität der beiden Spieler verankert wird (vgl. 00:19:43). Dem Aspekt des Themas und des thematischen Zusammenhangs übergeordnet ist aber allemal das Spielgeschehen beziehungsweise das Videospiel, und dementsprechend übt es einen wesentlichen Einfluss auf die Klarheit der Organisation der unterschiedlichen Bezugsebenen aus.

5. Ausblick

Abschließend lässt sich konstatieren, dass sich die sprachliche Organisation der hier postulierten Bezugsebenen mithilfe der Dialogorganisationsparameter durchaus auf eine aufschlussreiche Art und Weise durchblicken lässt; allerdings ist gleichermaßen festzustellen, dass die Konturen der Realität und der virtuellen Spielwelt auf einer sprachlichen Ebene mitunter verfließen und es ein gewisses Maß an Kontextualisierungs- und Interpretationsarbeit erfordert, ebendiese Konturen wiederherzustellen beziehungsweise diese überhaupt erst einmal zu erkennen. Allerdings trägt eine Analyse mithilfe der hier vorgestellten Parameter der Dialogorganisation allemal dazu bei, einen Teil der Kontextualisierungs- und Interpretationsarbeit zu erleichtern und auf eine Art und Weise zu strukturieren, die ein gewisses Maß an Übersichtlichkeit herbeiführt und wahrt. Somit hat sich zusammenfassend aufzeigen lassen, dass eine Organisation der unterschiedlichen Bezugsebenen besteht, diese sich aber nicht immer explizit – mitunter jedoch implizit – auf einer sprachlichen Ebene festmachen lässt; dies mag nicht zuletzt auch an der spezifischen Dialogsituation liegen und aufgrund dessen durch die Tatsache beeinflusst sein, dass die Spieler nicht nur auf sich selbst und auf ihre eigene Realität verweisen müssen, sondern sich darüber hinaus zur selben Zeit mit einem Avatar in einer virtuellen Spielwelt aufhalten, während sie miteinander kommunizieren. Es ist anzunehmen, dass aufgrund dieses Umstandes die Grenzen zwischen der Realität und der Spielwelt dazu tendieren, an Unschärfe zu gewinnen, und dies wirkt sich dementsprechend auch auf die Dialogsituationen aus, in denen sich die Spieler befinden, während sie miteinander spielen. Als besonders wertvoll haben sich während der Auswertung für die Organisation der unterschiedlichen Bezugsebenen im vorherigen Kapitel indessen die Parameter der Äußerungsformen und der Themen beziehungsweise des thematischen Zusammenhangs erwiesen; für ein zukünftiges Projekt wäre es gegebenenfalls interessant und aufschlussreich, eine derartige Auswertung hinsichtlich der verbleibenden Parameter zu intensivieren, sofern es sich als sinnvoll erweist. Im Rahmen dieses Projekts konnte jedenfalls festgestellt werden, dass die zu anfangs gestellte Frage insbesondere mithilfe der beiden genannten Parameter in einer – ersten – Antwort resultieren konnte. Daraus muss aber keineswegs die Schlussfolgerung gezogen werden, dass sich die anderen Parameter für eine solche oder ähnliche Fragestellungen nicht zur Anwendung eignen. Dies würde es entsprechend in einem zukünftigen Projekt dieser Art zu überprüfen gelten; dazu würde es sich gegebenenfalls anbieten, das Datenmaterial auszuweiten, beispielsweise auf einen längeren Ausschnitt und/oder auf unterschiedliche Spiele unterschiedlicher Genres. Die Möglichkeiten einer Erweiterung des vorliegenden Projektes haben sich in jedem Falle noch nicht erschöpft.

6. Abbildungsverzeichnis

Abb. 1: Eigener Screenshot vom 22.01.2018.

Abb. 2: Eigener Screenshot vom 22.01.2018.

Abb. 3: Eigener Screenshot vom 22.01.2018.

Abb. 4: Eigener Screenshot vom 22.01.2018.

7. Quellenverzeichnis

Offizielle Webseite von EXMARaLDA: http://exmaralda.org/en/ [Letzter Zugriff am 10.05.2018.]

Ausführliche Gebrauchsanleitung für den EXMARaLDA-Partitur-Editor (v1.6.): http://www.exmaralda.org/pdf/Partitur-Editor_Manual.pdf [Letzter Zugriff am 10.05.2018.]

Geläufige Transkriptionskonventionen: http://exmaralda.org/en/transcription-conventions/

Transkriptionsregeln für HIAT (Handout): http://exmaralda.org/wp-content/uploads/2015/12/General_Transcription_conventions_HIAT_Handout_DE.pdf [Letzter Zugriff am 10.05.2018.]

Quickstart-Dokument für das Transkribieren mit dem Partitur-Editor: http://www.exmaralda.org/pdf/Quickstart_transcribing_EN.pdf [Letzter Zugriff am 10.05.2018.]

Quickstart-Dokument für die Unterstützung von Audio- und Video-Dateien im Partitur-Editor: http://www.exmaralda.org/pdf/Quickstart_audio_and_video_support_EN.pdf [Letzter Zugriff am 10.05.2018.]

Quickstart-Dokument für das Angleichen der Transkription an Audio-Aufnahmen im Partitur-Editor: http://www.exmaralda.org/pdf/Quickstart_aligning_transcriptions_EN.pdf [Letzter Zugriff am 10.05.2018.]

Not Fireproof | DIVINITY ORIGINAL SIN WITH VERIAX #1 | Let's Play [Enhanced Edition]. https://www.youtube.com/watch?v=iD4Zd6zAQCY [Letzter Zugriff am 10.05.2018.]

DIVINITY ORIGINAL SIN Enhanced Edition WITH VERIAX [Weekends]. https://www.youtube.com/watch?v=hTToTOf1Trs&list=PL14p1fPgxfv8HZQZhEit9sCjIVaCOZ2W- [Letzter Zugriff am 10.05.2018.]

YouTube-Kanal von Lady Lilia: https://www.youtube.com/c/LadyLilia [Letzter Zugriff am 10.05.2018.]

YouTube-Kanal von Veriax: https://www.youtube.com/user/veriax [Letzter Zugriff am 10.05.2018.]

YouTube-Tutorial zum Anlegen einer Transkription mit dem EXMARaLDA-Partitur-Editor: https://www.youtube.com/watch?v=xHQm-1LeFSw [Letzter Zugriff am 10.05.2018.]

8. Literaturverzeichnis

Fritz, Gerd (1994): *Grundlagen der Dialogorganisation.* In: Fritz, Gerd und Hundsnurscher, Franz (Hrsg.): *Handbuch der Dialoganalyse*. Tübingen: Max Niemeyer. S. 177–201.

Jenks, Christopher und Firth, Alan (2013): *Synchronous Voice-Based Computer-Mediated Communication.* In: Herring, Susan C. (Hrsg.): *Pragmatics of Computer-Mediated Communication.* Berlin [u.a.]: De Gruyter Mouton. S. 217–244.

Fitzpatrick, Geraldine/Halloran, John und Rogers, Yvonne (2003): *From Text to Talk: Multiplayer Games and Voiceover IP.* http://www.digra.org/wp-content/uploads/digital-library/05163.08549.pdf [Letzter Zugriff am 10.05.2018.]

Benda, Peter/Gibbs, Martin und Wadley, Greg (2007): *Speaking in Character: Using Voice-Over-IP to communicate within MMORPGs.*
http://citeseerx.ist.psu.edu/viewdoc/download?doi=10.1.1.710.8970&rep=rep1&type=pdf [Letzter Zugriff am 10.05.2018.]

Herkenrath, Annette/Meyer, Bernd/Rehbein, Jochen/Schmidt, Thomas und Watzke, Franziska (2004): *Handbuch für das computergestützte Transkribieren nach HIAT.*
http://www.exmaralda.org/hiat/azm_56.pdf [Letzter Zugriff am 10.05.2018.]